Renate Sültz & Uwe H. Sültz

Raucher – Kostenbuch

Raucher – Tagebuch

Raucher – Notizbuch

AF211351

BoD - Books on Demand

Norderstedt 2016

**Bibliografische Information durch die
Deutsche Nationalbibliothek**

**Die Deutsche Nationalbibliothek
verzeichnet diese Publikation in der
Deutschen Nationalbibliografie;
detaillierte bibliografische Daten sind im
Internet über http://dnb.dnb.de abrufbar.**

Herstellung und Verlag:

BoD – Books on Demand, Norderstedt

ISBN 9-78384-2-32480-0

Vorwort:

Rauchen – wie viel Asche kostet mich das? Wie viel könnte ich sparen? In dieses Kostenbuch werden die Zigaretten täglich eingetragen.

Nichtraucher werden – Vorteile:

… man besser riecht

… man weißere Zähne hat

… man keine gelben Gardinen hat

… man jünger aussieht

… man länger lebt

… gesünder lebt

… man nicht abhängig ist

… man eine Menge spart

… man Vorbild ist

Die abgebildeten Rauchmittel sind künstlich

und nicht rauchfähig!

Datum	Anzahl Zigaretten/Päckchen	Kosten

Summe:

Stattdessen: Ausgehen mit Partner/in, Urlaub, neue Klamotten, u.v.m.

Datum	Anzahl Zigaretten/Päckchen	Kosten

Summe:

Stattdessen: Ausgehen mit Partner/in, Urlaub, neue Klamotten, u.v.m.

Datum	Anzahl Zigaretten/Päckchen	Kosten

Summe:

Stattdessen: Ausgehen mit Partner/in, Urlaub, neue Klamotten, u.v.m.

Datum	Anzahl Zigaretten/Päckchen	Kosten

Summe:

Stattdessen: Ausgehen mit Partner/in, Urlaub, neue Klamotten, u.v.m.

Datum	Anzahl Zigaretten/Päckchen	Kosten

Summe:

Stattdessen: Ausgehen mit Partner/in, Urlaub, neue Klamotten, u.v.m.

Datum	Anzahl Zigaretten/Päckchen	Kosten

Summe:

Stattdessen: Ausgehen mit Partner/in, Urlaub, neue Klamotten, u.v.m.

Datum	Anzahl Zigaretten/Päckchen	Kosten

Summe:

Stattdessen: Ausgehen mit Partner/in, Urlaub, neue Klamotten, u.v.m.

Datum	Anzahl Zigaretten/Päckchen	Kosten

Summe:

Stattdessen: Ausgehen mit Partner/in, Urlaub, neue Klamotten, u.v.m.

Datum	Anzahl Zigaretten/Päckchen	Kosten

Summe:

Stattdessen: Ausgehen mit Partner/in, Urlaub, neue Klamotten, u.v.m.

Datum	Anzahl Zigaretten/Päckchen	Kosten

Summe:

Stattdessen: Ausgehen mit Partner/in, Urlaub, neue Klamotten, u.v.m.

Datum	Anzahl Zigaretten/Päckchen	Kosten

Summe:

Stattdessen: Ausgehen mit Partner/in, Urlaub, neue Klamotten, u.v.m.

Datum	Anzahl Zigaretten/Päckchen	Kosten

Summe:

Stattdessen: Ausgehen mit Partner/in, Urlaub, neue Klamotten, u.v.m.

Datum	Anzahl Zigaretten/Päckchen	Kosten

Summe:

Stattdessen: Ausgehen mit Partner/in, Urlaub, neue Klamotten, u.v.m.

Datum	Anzahl Zigaretten/Päckchen	Kosten

Summe:

Stattdessen: Ausgehen mit Partner/in, Urlaub, neue Klamotten, u.v.m.

Datum	Anzahl Zigaretten/Päckchen	Kosten

Summe:

Stattdessen: Ausgehen mit Partner/in, Urlaub, neue Klamotten, u.v.m.

Datum	Anzahl Zigaretten/Päckchen	Kosten

Summe:

Stattdessen: Ausgehen mit Partner/in, Urlaub, neue Klamotten, u.v.m.

Datum	Anzahl Zigaretten/Päckchen	Kosten

Summe:

Stattdessen: Ausgehen mit Partner/in, Urlaub, neue Klamotten, u.v.m.

Datum	Anzahl Zigaretten/Päckchen	Kosten

Summe:

Stattdessen: Ausgehen mit Partner/in, Urlaub, neue Klamotten, u.v.m.

Datum	Anzahl Zigaretten/Päckchen	Kosten

Summe:

Stattdessen: Ausgehen mit Partner/in, Urlaub, neue Klamotten, u.v.m.

Datum	Anzahl Zigaretten/Päckchen	Kosten

Summe:

Stattdessen: Ausgehen mit Partner/in, Urlaub, neue Klamotten, u.v.m.

Datum	Anzahl Zigaretten/Päckchen	Kosten

Summe:

Stattdessen: Ausgehen mit Partner/in, Urlaub, neue Klamotten, u.v.m.

Datum	Anzahl Zigaretten/Päckchen	Kosten

Summe:

Stattdessen: Ausgehen mit Partner/in, Urlaub, neue Klamotten, u.v.m.

Datum	Anzahl Zigaretten/Päckchen	Kosten

Summe:

Stattdessen: Ausgehen mit Partner/in, Urlaub, neue Klamotten, u.v.m.

Datum	Anzahl Zigaretten/Päckchen	Kosten

Summe:

Stattdessen: Ausgehen mit Partner/in, Urlaub, neue Klamotten, u.v.m.

Datum	Anzahl Zigaretten/Päckchen	Kosten

Summe:

Stattdessen: Ausgehen mit Partner/in, Urlaub, neue Klamotten, u.v.m.

Datum	Anzahl Zigaretten/Päckchen	Kosten

Summe:

Stattdessen: Ausgehen mit Partner/in, Urlaub, neue Klamotten, u.v.m.

Datum	Anzahl Zigaretten/Päckchen	Kosten

Summe:

Stattdessen: Ausgehen mit Partner/in, Urlaub, neue Klamotten, u.v.m.

Datum	Anzahl Zigaretten/Päckchen	Kosten

Summe:

Stattdessen: Ausgehen mit Partner/in, Urlaub, neue Klamotten, u.v.m.

Datum	Anzahl Zigaretten/Päckchen	Kosten

Summe:

Stattdessen: Ausgehen mit Partner/in, Urlaub, neue Klamotten, u.v.m.

Datum	Anzahl Zigaretten/Päckchen	Kosten

Summe:

Stattdessen: Ausgehen mit Partner/in, Urlaub, neue Klamotten, u.v.m.

Datum	Anzahl Zigaretten/Päckchen	Kosten

Summe:

Stattdessen: Ausgehen mit Partner/in, Urlaub, neue Klamotten, u.v.m.

Datum	Anzahl Zigaretten/Päckchen	Kosten

Summe:

Stattdessen: Ausgehen mit Partner/in, Urlaub, neue Klamotten, u.v.m.

Datum	Anzahl Zigaretten/Päckchen	Kosten

Summe:

Stattdessen: Ausgehen mit Partner/in, Urlaub, neue Klamotten, u.v.m.

Datum	Anzahl Zigaretten/Päckchen	Kosten

Summe:

Stattdessen: Ausgehen mit Partner/in, Urlaub, neue Klamotten, u.v.m.

Datum	Anzahl Zigaretten/Päckchen	Kosten

Summe:

Stattdessen: Ausgehen mit Partner/in, Urlaub, neue Klamotten, u.v.m.

Datum	Anzahl Zigaretten/Päckchen	Kosten

Summe:

Stattdessen: Ausgehen mit Partner/in, Urlaub, neue Klamotten, u.v.m.

Datum	Anzahl Zigaretten/Päckchen	Kosten

Summe:

Stattdessen: Ausgehen mit Partner/in, Urlaub, neue Klamotten, u.v.m.

Datum	Anzahl Zigaretten/Päckchen	Kosten

Summe:

Stattdessen: Ausgehen mit Partner/in, Urlaub, neue Klamotten, u.v.m.

Datum	Anzahl Zigaretten/Päckchen	Kosten

Summe:

Stattdessen: Ausgehen mit Partner/in, Urlaub, neue Klamotten, u.v.m.

Datum	Anzahl Zigaretten/Päckchen	Kosten

Summe:

Stattdessen: Ausgehen mit Partner/in, Urlaub, neue Klamotten, u.v.m.

Datum	Anzahl Zigaretten/Päckchen	Kosten

Summe:

Stattdessen: Ausgehen mit Partner/in, Urlaub, neue Klamotten, u.v.m.

Datum	Anzahl Zigaretten/Päckchen	Kosten

Summe:

Stattdessen: Ausgehen mit Partner/in, Urlaub, neue Klamotten, u.v.m.

Datum	Anzahl Zigaretten/Päckchen	Kosten

Summe:

Stattdessen: Ausgehen mit Partner/in, Urlaub, neue Klamotten, u.v.m.

Datum	Anzahl Zigaretten/Päckchen	Kosten

Summe:

Stattdessen: Ausgehen mit Partner/in, Urlaub, neue Klamotten, u.v.m.

Datum	Anzahl Zigaretten/Päckchen	Kosten

Summe:

Stattdessen: Ausgehen mit Partner/in, Urlaub, neue Klamotten, u.v.m.

Datum	Anzahl Zigaretten/Päckchen	Kosten

Summe:

Stattdessen: Ausgehen mit Partner/in, Urlaub, neue Klamotten, u.v.m.

Datum	Anzahl Zigaretten/Päckchen	Kosten

Summe:

Stattdessen: Ausgehen mit Partner/in, Urlaub, neue Klamotten, u.v.m.

Datum	Anzahl Zigaretten/Päckchen	Kosten

Summe:

Stattdessen: Ausgehen mit Partner/in, Urlaub, neue Klamotten, u.v.m.

Datum	Anzahl Zigaretten/Päckchen	Kosten

Summe:

Stattdessen: Ausgehen mit Partner/in, Urlaub, neue Klamotten, u.v.m.

Datum	Anzahl Zigaretten/Päckchen	Kosten

Summe:

Stattdessen: Ausgehen mit Partner/in, Urlaub, neue Klamotten, u.v.m.

Datum	Anzahl Zigaretten/Päckchen	Kosten

Summe:

Stattdessen: Ausgehen mit Partner/in, Urlaub, neue Klamotten, u.v.m.

Datum	Anzahl Zigaretten/Päckchen	Kosten

Summe:

Stattdessen: Ausgehen mit Partner/in, Urlaub, neue Klamotten, u.v.m.

Datum	Anzahl Zigaretten/Päckchen	Kosten

Summe:

Stattdessen: Ausgehen mit Partner/in, Urlaub, neue Klamotten, u.v.m.

Datum	Anzahl Zigaretten/Päckchen	Kosten

Summe:

Stattdessen: Ausgehen mit Partner/in, Urlaub, neue Klamotten, u.v.m.

Datum	Anzahl Zigaretten/Päckchen	Kosten

Summe:

Stattdessen: Ausgehen mit Partner/in, Urlaub, neue Klamotten, u.v.m.

Datum	Anzahl Zigaretten/Päckchen	Kosten

Summe:

Stattdessen: Ausgehen mit Partner/in, Urlaub, neue Klamotten, u.v.m.

Datum	Anzahl Zigaretten/Päckchen	Kosten

Summe:

Stattdessen: Ausgehen mit Partner/in, Urlaub, neue Klamotten, u.v.m.

Datum	Anzahl Zigaretten/Päckchen	Kosten

Summe:

Stattdessen: Ausgehen mit Partner/in, Urlaub, neue Klamotten, u.v.m.

Datum	Anzahl Zigaretten/Päckchen	Kosten

Summe:

Stattdessen: Ausgehen mit Partner/in, Urlaub, neue Klamotten, u.v.m.

Datum	Anzahl Zigaretten/Päckchen	Kosten

Summe:

Stattdessen: Ausgehen mit Partner/in, Urlaub, neue Klamotten, u.v.m.

Datum	Anzahl Zigaretten/Päckchen	Kosten

Summe:

Stattdessen: Ausgehen mit Partner/in, Urlaub, neue Klamotten, u.v.m.

Datum	Anzahl Zigaretten/Päckchen	Kosten

Summe:

Stattdessen: Ausgehen mit Partner/in, Urlaub, neue Klamotten, u.v.m.

Datum	Anzahl Zigaretten/Päckchen	Kosten

Summe:

Stattdessen: Ausgehen mit Partner/in, Urlaub, neue Klamotten, u.v.m.

Datum	Anzahl Zigaretten/Päckchen	Kosten

Summe:

Stattdessen: Ausgehen mit Partner/in, Urlaub, neue Klamotten, u.v.m.

Datum	Anzahl Zigaretten/Päckchen	Kosten

Summe:

Stattdessen: Ausgehen mit Partner/in, Urlaub, neue Klamotten, u.v.m.

Datum	Anzahl Zigaretten/Päckchen	Kosten

Summe:

Stattdessen: Ausgehen mit Partner/in, Urlaub, neue Klamotten, u.v.m.

Datum	Anzahl Zigaretten/Päckchen	Kosten

Summe:

Stattdessen: Ausgehen mit Partner/in, Urlaub, neue Klamotten, u.v.m.

Datum	Anzahl Zigaretten/Päckchen	Kosten

Summe:

Stattdessen: Ausgehen mit Partner/in, Urlaub, neue Klamotten, u.v.m.

Datum	Anzahl Zigaretten/Päckchen	Kosten

Summe:

Stattdessen: Ausgehen mit Partner/in, Urlaub, neue Klamotten, u.v.m.

Datum	Anzahl Zigaretten/Päckchen	Kosten

Summe:

Stattdessen: Ausgehen mit Partner/in, Urlaub, neue Klamotten, u.v.m.

Datum	Anzahl Zigaretten/Päckchen	Kosten

Summe:

Stattdessen: Ausgehen mit Partner/in, Urlaub, neue Klamotten, u.v.m.

Datum	Anzahl Zigaretten/Päckchen	Kosten

Summe:

Stattdessen: Ausgehen mit Partner/in, Urlaub, neue Klamotten, u.v.m.

Datum	Anzahl Zigaretten/Päckchen	Kosten

Summe:

Stattdessen: Ausgehen mit Partner/in, Urlaub, neue Klamotten, u.v.m.

Datum	Anzahl Zigaretten/Päckchen	Kosten

Summe:

Stattdessen: Ausgehen mit Partner/in, Urlaub, neue Klamotten, u.v.m.

Datum	Anzahl Zigaretten/Päckchen	Kosten

Summe:

Stattdessen: Ausgehen mit Partner/in, Urlaub, neue Klamotten, u.v.m.

Datum	Anzahl Zigaretten/Päckchen	Kosten

Summe:

Stattdessen: Ausgehen mit Partner/in, Urlaub, neue Klamotten, u.v.m.

Datum	Anzahl Zigaretten/Päckchen	Kosten

Summe:

Stattdessen: Ausgehen mit Partner/in, Urlaub, neue Klamotten, u.v.m.

Datum	Anzahl Zigaretten/Päckchen	Kosten

Summe:

Stattdessen: Ausgehen mit Partner/in, Urlaub, neue Klamotten, u.v.m.

Datum	Anzahl Zigaretten/Päckchen	Kosten

Summe:

Stattdessen: Ausgehen mit Partner/in, Urlaub, neue Klamotten, u.v.m.

Datum	Anzahl Zigaretten/Päckchen	Kosten

Summe:

Stattdessen: Ausgehen mit Partner/in, Urlaub, neue Klamotten, u.v.m.

Datum	Anzahl Zigaretten/Päckchen	Kosten

Summe:

Stattdessen: Ausgehen mit Partner/in, Urlaub, neue Klamotten, u.v.m.

Datum	Anzahl Zigaretten/Päckchen	Kosten

Summe:

Stattdessen: Ausgehen mit Partner/in, Urlaub, neue Klamotten, u.v.m.

Datum	Anzahl Zigaretten/Päckchen	Kosten

Summe:

Stattdessen: Ausgehen mit Partner/in, Urlaub, neue Klamotten, u.v.m.

Datum	Anzahl Zigaretten/Päckchen	Kosten

Summe:

Stattdessen: Ausgehen mit Partner/in, Urlaub, neue Klamotten, u.v.m.

Datum	Anzahl Zigaretten/Päckchen	Kosten

Summe:

Stattdessen: Ausgehen mit Partner/in, Urlaub, neue Klamotten, u.v.m.

Datum	Anzahl Zigaretten/Päckchen	Kosten

Summe:

Stattdessen: Ausgehen mit Partner/in, Urlaub, neue Klamotten, u.v.m.

Datum	Anzahl Zigaretten/Päckchen	Kosten

Summe:

Stattdessen: Ausgehen mit Partner/in, Urlaub, neue Klamotten, u.v.m.

Datum	Anzahl Zigaretten/Päckchen	Kosten

Summe:

Stattdessen: Ausgehen mit Partner/in, Urlaub, neue Klamotten, u.v.m.

Datum	Anzahl Zigaretten/Päckchen	Kosten

Summe:

Stattdessen: Ausgehen mit Partner/in, Urlaub, neue Klamotten, u.v.m.

Datum	Anzahl Zigaretten/Päckchen	Kosten

Summe:

Stattdessen: Ausgehen mit Partner/in, Urlaub, neue Klamotten, u.v.m.

Datum	Anzahl Zigaretten/Päckchen	Kosten

Summe:

Stattdessen: Ausgehen mit Partner/in, Urlaub, neue Klamotten, u.v.m.

Datum	Anzahl Zigaretten/Päckchen	Kosten

Summe:

Stattdessen: Ausgehen mit Partner/in, Urlaub, neue Klamotten, u.v.m.

Datum	Anzahl Zigaretten/Päckchen	Kosten

Summe:

Stattdessen: Ausgehen mit Partner/in, Urlaub, neue Klamotten, u.v.m.